覺

蓮師大圓滿

出版緣起

在佛經中記載著，在地球剛形成時，光音天的天神，被美麗的地球所吸引，從天上來到地球，也就是人類的祖先。彩虹不但是世界共同的吉祥象徵，在佛法中成證虹光身，更是殊勝的成就。

虹彩光音系列，結集了地球禪者洪啓嵩禪師所修造的法要偈頌、詩詞，傳承古代大成就者「道歌」的傳統，將修法心要，總攝於短短的詩篇中。是修行者的無上寶藏，更是現代人智慧的心靈活泉。

在這個輕、薄、短、小的時代，虹彩光音系列，以別出心裁的版型和視覺設計，希望為繁忙、緊張的現代人，在紛擾的塵世中，打造隨身的心靈淨土。

在短暫、瑣碎的時光中，都能創造生命最大的價值。

祝福您時時安住在如虹彩般美麗的清淨自性，成證虹光身，圓滿成佛！

序

大圓滿可說是密法的究竟心髓，也是最高的解脫方便。大圓滿具有四個特色：不立一切見、不立一切修、不立一切行、不立一切果。現前：即見、即修、即行、即果，這是體悟大圓滿的究極心要。

事實上，我們每個人現前所顯，即是本來清淨的大智慧，一切境界都是大圓滿自然顯現，一切現成即是大圓滿。所以，在諸佛現證華嚴海印三昧圓滿成佛時，當下現觀一切眾生亦如是成佛，全法界亦同成佛身，這就是佛身同具「智正覺世間」、「眾生世間」

與「器世間」的意義。而《法華經》所顯現的則是：「是法住法位，世間相常住」、「一稱南無佛，皆共成佛道。」，也呈現了此究竟的秘義。

本書結集了：「蓮師體性．隨意王」、「蓮師現觀成就」、「法爾本尊蓮師現前頌」、「全佛大圓滿修證」、「上師自性海——體性上師法爾自授灌頂」，及我所譯成之「現觀無染覺性自證解脫」，可說是結集了我所修造蓮師大圓滿教法的甚深心髓，祈願有緣的朋友直接領受大圓滿的心意，遠離一切清淨與染污，直顯本來面目，自然現起大圓滿的境界，成證如同蓮師的廣大圓滿果地！

目錄

壹、蓮師體性・隨意王

現觀何處竟非蓮花生

吽

現觀何人竟非蓮花生

大圓滿非見　無修行無果

無立斷頓超　法爾顯現實

自然普賢界　自普賢王佛

誰非無死虹　霓虹不可得

現觀何處竟非蓮花生
現觀何處竟非蓮花生
現觀何處竟非蓮花生……………

吽！呸！吽！

——普賢心界　法爾金阿

從金色𑖀阿字流出的法界體性
從紅色𑖮𑖿𑖨𑖱𑖾赫利現成的最密空樂
從藍色𑖮𑖳𑖽吽字圓具金剛大持
無上大寶的羯摩至尊
嗡！　自性！

貳、蓮師現觀成就

噫兮！

我即現成蓮花生　普賢法界自然得
普賢佛位不行到　大明空樂悲虹滿
法爾本初吽吽呸　斷淨遠離一切空
無生無滅本童瓶　赤裸現成即體性
悲乳鑁𑖪𑖽字智海現　師座紅蓮自生顯
日月輪座圓福慧　諸佛總集佛四身

佛語金剛赫利性　自生上師蓮花生
紅白光明寂忿身　一面二臂悲智足
廣大威猛力降伏　世出世間護法眾
空行藥叉諸世神　如命皈仰極擁護
蓮帽法衣持明服　錦鍛紫光披肩猛
右持純金五股杵　左持長壽顱器瓶
左肩輕依卡章杖　安住虹光喻金剛
右足微伸法王坐　左足安住於本然
自頂法爾體性佛　普賢父母無相身

赤紅無量壽如來　次第安住示三身
一切聖眾如電光　璇流圍繞示星輪
空行密護諸神眾　威光閃耀盡伏命

參、法爾本尊蓮師現前頌

嗡　阿路力迦　噎醯噎呬（皈命無染著者召請）

Oṁ alolike ehyehi

縛日羅　三摩加地斯達那

Vajra samājādiṣṭnāna

法爾法界本來普賢佛

現成究竟圓滿蓮花生

自觀頂嚴白嗡字ཨོཾ金剛
喉間紅阿ཨཱཿ胸藍吽ཧཱུྃ吉祥
吽字放光法界普遍照
法爾現成法界蓮花生
大悲空樂無死持明虹
一面二臂虛空自顯現

一、嗡（ཨོཾ）

法界體性本初法爾普賢王
明空常寂法身現前無量光
空樂莊嚴究竟秘密觀自在
悲空不二遍照圓滿能仁佛
清淨幻化無死虹光蓮華生
全佛總集法界眾生依怙主
大圓滿前因道果淨現成佛
妙菩提行法恩密護持金剛

無所分別豁然念恩忽憶起
現觀如實蓮師光明普賢身

二、阿（ཨཱཿ）

法住法位體性實相普賢語
常照寂滅光明無量金剛聲
妙用總持馬鳴自在大樂言
相續無間如來妙詮大悲音
等持究竟如來密語金剛王

師子吼聲有情現前得密護
如意遍覺果因無異觀自在
持明空行本尊妙語秘密王
無所分別豁然念恩忽憶起
如實現聞蓮師光明普賢語

三、吽（ཧཱུྃ）

喻如金剛惟一本覺普賢心
如如圓滿性起實相無量覺

廣大受用常空大樂密自在
任運救度大悲究竟法界王
太陽明光遍護密照眾有情
一切密主永怙不離意金剛
法爾立斷無無明盡現明空
彈指頓超無滅虹光自現成
無所分別豁然念恩忽憶起
如實現覺蓮師光明普賢心

四、班雜（བཛ）

金剛海王究竟秘密持明王
勝利密意本初法爾大鬆住
五智如虹樂明無念無間續
大悲湧現千江水月金剛護
惟一自在摧破眾有大法王
海生金剛究極清淨正覺出
大空行王一切諸佛羯摩體
赤裸法性金剛童瓶寶生鬘

無所分別豁然念恩忽憶起
如實現照諸佛妙因蓮華生

五、咕嚕（གུརུ）
上師具慧愛策慈悲蓮華王
吉祥圓滿離諸對待本佛陀
大幻化網現前受用大遊戲
總持具密廣悲行妙自化生
無住海印大日現空摩尼鬘

八大神變一念萬世密救護
相續成覺妙明圓空頂嚴持
明顯現見根本上師蓮華生
無所分別豁然念恩忽憶起
現前頂禮無實虹身大怙主

六、貝瑪（པདྨ）

具德勝尊體性法界極究竟
寂滅現明常住法爾加持身

忿靜自在具力金剛赫嚕嘎
慈心念護有情圓滿勤咐囑
大恩化身無上師寶仁波切
具如來力本末究竟眾依怙
念念不離自性壇城蓮華生
祈請密護直至成佛賜成就
無所分別豁然念恩忽憶起
稽首無間蓮華上師總集佛

七、悉地（སིདྡྷི）

無修無證明顯清淨本來佛
金剛三昧究竟菩提勝成就
大樂鳴空無上密證妙受用
智慧常灌總持大悲眾怙主
遠離對待離因果中大圓滿
總持勝法一切自在灌頂王
五毒大用無所不至秘密主
摧破六道怖畏金剛大威德

無所分別豁然念恩忽憶起
平等妙持如尊圓滿具大力

八、吽（ཧཱུྃ）

普巴尖銳具忿體性法界尊
不二含瞋覺明勝空法身住
大悲密明伏魔勝利總持王
現前悲憤不肯眾生未成佛
忿怒蓮師威力伏魔大自在
不動金剛怖畏如如無所在
大力空行勇父至尊永皈命
惡世祈怙惟一擁護金剛王

無所分別豁然念恩忽憶起
無間密視如眼相對不瞬目

肆、全佛大圓滿修證

皈命一切現成普賢王佛

廣大法界無比金剛界　究竟圓滿廣大大圓滿

法爾直指眾生體性淨　一切現成全佛大圓滿

誰非佛陀究竟金剛心　何處非淨本來佛世間

現前指示本然淨心念　無分別前頂禮全佛眾

所有分別何處能生起　無生無滅無盡無死虹

無所得中能現全佛滿　無一無異頓然全佛界

常斷分別無可得圓淨
立斷頓超法爾圓淨中
直指汝心不可示分別
直指汝念清淨明空體
直指法界無分別心中
現前自淨大空大遊戲
自生自顯本明全佛界
赤露法界赤裸體性海
全顯如來金剛三昧海

無來無去現成現如來
本來圓滿廣大圓滿眾
直指汝意一切無得中
直指汝身六根大圓滿
直指直指心自心相會
常喜金剛遍照自法界
現成即是坦然自受用
大圓光明惟一全體現
我因大悲首楞嚴三昧

現前海印宣說全佛海
不必用心自全是如來
如意寶王相應自如海
妙湛總持不動法界海
我所成就最勝全佛海
一切光明遍照大圓滿
現成法界普賢王父母
嗡真佛子指示你是佛
吽明空樂無二全佛陀

善哉諸佛斷然全受用
大遊戲兮大幻大樂海
現成實相無可得大樂
佛頂尊勝祕密真如海
全佛現成真如實相海
普賢父母無初自成佛
噫兮自然無畏自普賢
阿全佛顯普現法界真
吽我真如我自普賢王

普賢法界自心能作主　普賢父母全體同普現
我所說法疾指虹光佛　善哉全佛何不離戲現
無修無證本明無死虹　善哉自成無護現成佛
普光明地密明常寂顯　法性盡處常樂我淨身
南無自性本來自佛陀　現成加持現前即成就
無實廣大獨一任運海　見修行果本然一如證
無修無證無可得如來　我大成就自然為佛陀
心性、法性、平等自解脫　離心無念獨一廣大性
自然成就法爾大成就　不變不壞金剛自體界

自生智慧自顯自如來
遠離造作本無勤勇佛

不二現成眾象無二空
解脫真如自他本不二

惟一明點法界大明點
一切如實諸法自成就

不離一切全佛無邊畔
不思不緣不憶本佛陀

無錯無謬無見無見境
非因非緣亦非自然性

自空自成自性自圓成
慈悲遍滿大平等無二

一切體性無二自然體
法界所顯妙相離戲論

如實無思無憶念自覺
豁然現成我即普賢王

頓然本成捨離眾精勤
無修無證自然本來佛

心行處滅一切無分別　遠離垢淨所有無差別

世出世間一切大圓滿　果位圓滿誰爾非佛陀

自生自顯自然全如來　本界清淨現光明法身

六根六塵自顯普賢王　六識圓滿自成大圓滿

十八界成無初普賢佛　五蘊身心大樂無死幢

六大法界普賢王瑜伽　見修行果一切大圓滿

一切所行現成大圓滿　我大圓滿一切大圓滿

法身現成即說即成就　一切圓滿現成已指示

如來心子全佛普賢界　無所得中實相大圓滿

無有迷亂本覺自然心　無二無相平等普覺王
我心中心最密極心要　交付現成法爾本來人
一切聞法本來全佛眾　善巧因緣歡喜實相中
決定堪能全佛大圓滿　不勤勇力自證本全佛
廣大遊戲普賢如來戲　體性雙運大圓滿瑜伽
無初體性本來童瓶身　三世平等不滅自圓滿
從我無初普賢父母身　流明現樂不滅受用身
金剛薩埵五方五佛海　法界壇城自性等心流
眼見圓滿即是大圓滿　耳鼻舌身意等大圓滿

色聲香味觸即大圓滿　法法圓滿一切大圓滿
我示究竟守護三昧耶　一切皆佛全佛大圓滿
不可壞戒爾等大守護　無退轉中一切皆佛陀
五毒自空本來大圓滿　心氣明點自成大圓滿
惟一明中無觀自顯現　決定無謬現成具佛身
遊戲脈輪自顯金剛明　本尊父母明虹自現成
心氣脈語身境大圓滿　自現三密自加持成佛
一切本然三密自本然　生住異滅本來大圓滿
一切本原法界體性定　法界眾相妙用大圓滿

現成五毒解脫自解脫　六根六識解脫自解脫
六塵六大解脫自解脫　法界解脫自生大圓滿
所有方便指示本現成　晝夜善巧大圓滿瑜伽
六光本來大圓滿智光　全佛大眾現前自成就
身語意斷自生法界上　五智本光自顯智三身
任運成就本具圓三身　本來無亂自身大圓滿
法界大眾明體本無垢　現成五蘊五大佛父母
脈界眾處金剛本尊眾　法界壇城自身大圓滿
寂忿諸尊自身大圓滿　五佛自身大遊戲金剛

法界明體五光自性顯　自性本寂體性大圓滿
不滅廣大佛陀智慧身　現如水月饒益一切眾
即身成佛即身本佛陀　無謬賢妙增長大賢妙
我已無示總持一切法　一切眾法現前大圓滿
頓超金剛鍊光明本明　無死虹身誰能不成就
我無可說指示現成佛　一切全佛無滅大圓滿

全佛金剛寫於全佛法界本明大圓滿體性中。

以大圓滿遊戲心意，離於一切戲論，無所造作坦然赤露，以惟一明點究竟心髓，實相心中心自在顯示。

不可得究竟廣大無實，究竟獨一任運，現成指示一切大圓滿金剛。

普賢王界性雙運大遊戲海，本然無滅大光明心滴，以金剛霓虹無死身姿，舞於實相大圓滿法界大海，於一一眼見、耳聞、鼻嗅、舌嚐、身觸、意法十八界大圓滿中，以六大廣造瑜伽常樂遊戲，金剛王心無始不滅，無初本來佛陀，自授灌頂一切普賢王，流明無滅金剛虹者，迴向法界自身增明益顯無滅不二大樂！

善哉！一切吉祥成佛！

伍、上師自性海——體性上師法爾自授灌頂

現前忽憶起　上師自性體覺圓
諸佛如來法界體　自入眾生性海中
不可忘記
現前忽憶起　上師不壞首楞嚴
三世諸佛身莊嚴　常住承恩弟子身
不可忘記

現前忽憶起　上師真言最秘密
三世諸佛語金剛　常住具緣弟子語
不可忘記

現前忽憶起　上師意密具總持
三世諸佛心金剛　常住如心弟子意
不可忘記

現前忽憶起　上師功德不思議
三世諸佛妙功德　常住弟子功德力
不可忘記

現前忽憶起　上師事業無限量
三世諸佛羯摩體　常住弟子事業海
不可忘記
上師如來體金剛　究竟密主六身具
三世如來最自性　現觀明了自圓滿
上師自性廣大海　上師法爾自灌頂
體性大圓滿法界　無有眾生非佛陀
如實一見上師體　現前成佛金剛持
不可忘記

上師心意自佛陀　上師密語法總持
上師妙身聖僧伽　三寶妙德自圓具
悲智雙運空自身　菩提心寶自如性
世出世間佛事業　三密相應佛自身
一切加持之本源　噫兮上師佛自性
心外無可求取處　如實了知自如心
完全了悟自灌頂　現見法爾自性師
非關語言及文字　現成實意即實相
不可忘記

眼現上師如來眼　耳即上師佛妙聞
鼻具體性上師嗅　舌根上師廣長舌
身金剛寶上師體　意無錯謬上師心
色聲香味觸法界　上師體性界金剛
根塵雙運普賢王　上師教誡大圓滿
六識自如不可壞　即智成就上師體
實相法界上師面　無錯謬中赤裸顯
五蘊五智五如來　六大妙德上師海
無修無證本來佛　不行自到自成就

法爾誰非金剛持　上師現前忽憶起
不可忘記

一

豁然現成法界海　法爾佛陀如自心
自性相續上師海　如彼波浪自然湧
無有錯謬持金剛　自心傳承難思議
虛空法界本來顏　久遠實成自佛陀
法界金剛即本初　本寂無上顯說法

本師釋迦牟尼佛　遍照體性自然顯
一切意密自流出　南無頂嚴能仁佛
無剎那離首楞嚴　加持根本上師佛
靈山海會永不離　蓮華藏海本無二
一切燈明莊嚴土　十方世界恆相應
惟一根本上師佛　三摩地王自等持
無初護念本無二　不可忘記憶念我
豁然現觀法界海　一切眾生全成佛

註：

（一）一切燈明佛土，上方六十恆河沙佛土，

佛號「示一切功德自在光明佛」。

（二）莊嚴佛上，東方三萬二千佛土，

佛號「照明莊嚴自在王如來」。

二

普賢王佛父母在　本初已來未曾離

今日一見早決定　法爾上師自性海

自授灌頂自如來　體性上師住法位

五智大用持金剛　自心傳承最秘密
如虛空現密壇城　我即具力住總持
究竟秘密金剛主　現成四身法界戲

三

藥師如來大誓句　印證我等等如佛
如心傳承大圓滿　無分別中自受用
現觀法界佛藥師　如彼月光法界性
法界海中自上師　法爾灌頂早具力

四

大悲體性觀自在　已聞彼名具幻力
如彼化身無有量　法界大海大遊戲
上師瑜伽體性力　自性上師自觀音
自成圓滿觀自在　無間相續同慈力

五

第二佛陀龍樹尊　如月輪現如自心
一切密智總持王　如海傳承自湧現
豁然一味無分別　性海流出聖龍樹
一切所知不可壞　赤裸現觀上師體

上師自性海中圓　法爾自灌自龍樹
如心明見無有二　無刹那間忘失我

六

無見絕學無事人　現觀即解法自爾
現悟無有生滅者　寂性自如無念禪
從彼達摩祖初傳　惠能傳燈具一行
二宗傳承體用圓　空無自性自滿足
佛不可得啼黃葉　南來早見不敢當

七

蓮師法界虛空顯　傳承寶樹大海現

如心攝持蓮華生　體性密嚴自上師

如彼蓮師自授記　自灌頂中自化現

自性上師自明顯　普賢父母無量光

法爾自生上師海　遠離三世十方界

如緣現成大怙主　體性上師自如我

八

面見自顯金剛持　無別密主帝洛巴
大印傳承印自心　體性上師本一味
密勒日巴我自父　常住莊嚴金剛身
如海壇城自虛空　不壞顯明自上師

九

無上究竟體傳承　無生法界自顯成
前後際斷現無住　自性光明法身佛

十

如海傳承如法性　緣起如密不可說

能悟上師自性海　現觀自然自解脫

自授灌頂體上師　法爾圓具自全佛

如佛現觀自上師　剎那傳承自成就

陸、現觀無染覺性自證解脫

蓮花生大士巖藏傳

持明噶瑪林巴（事業洲）取藏

蓮花持明譯述

一、《現觀無染覺性自證解脫》

本覺體性的直顯教授，源於《寂靜忿怒本尊密意自證解脫甚深體性法教》

二、禮敬

頂禮法、報、化三身佛陀及一切本尊，一切聖眾即是本覺自性光明的清淨示現。

三、根本意旨

《現觀無染覺性自證解脫》即是本覺體性的直顯導引，乃源於《寂靜忿怒本尊密意自證解脫甚深體性法教》，乃如實由本覺體性所顯現，尊貴種性的福德之子，應當審諦觀察，善巧自明圓滿寂照。

三昧耶　嘎嘎嘎　封印　封印　封印

四、直指心性

耶瑪吙

現成的一心，圓滿具足了輪迴與涅槃，現前如是的體性，無始以來，本來已經圓滿展現，卻無緣得以覺知。

如是明淨，三世無有間斷的顯現了明空本覺，卻無從認取。

雖然現前無礙，自在的示現，但卻依然不能覺悟了知。

因此，為了導引你如實的自覺心性，所以開示這究竟的深法教授。

三世的勝利諸佛，已宣說了八萬四千無量法門，若非覺悟自性，如何能生起對諸法的如實勝解？

除了覺知佛性外，佛陀又何曾開示過任何的法門？

即使經教無限，如同虛空般廣大，但究竟的教授，唯有這三種直指現觀覺性的真實心要口訣。

這是現量覺知諸佛體性的密意訣要，沒有前行，也不用後續修持，當下現成如是。

五、心的本性

吉哈

福德之子，一心諦聽！

衆生雖然常說心性，但對此心卻產生了種種論諍與爭議；不是不能了知此心，就是對於本心，有了虛妄的邪見，乃至邊陋的鄙見。

由於未能正確如實的體悟，這心即是心自身的緣故，因而產生了各種的宗派與學說。

而一般的凡夫，因為未能了悟心的自性，因而不能徹底覺知自己心性的本來面目，因此不斷地輪迴流轉於三界六道，受盡苦毒。

由此可知，不能覺知自己的心性，便成為極為可悲的重大過失。

縱然聲聞與緣覺，期望以無我的法義，來覺知心的體性，但他們還是無法圓滿體悟：心即是心自身的本來面目。

此外，其他人更受到自我執念的束縛，就因為這樣的執念，使他們無法覺悟體性的清淨光明。

聲聞與緣覺衆執著於能、所主客間，分別對立見地的障礙；中觀學者執著於真、俗二諦正觀，這也成為他們圓證的障礙。

事密、行密、瑜珈密等三乘密行行者，執著在觀想、念誦、承事本尊等外相的成就法而成為障礙。

大瑜伽及無比瑜伽則因為執著於法界與覺性而成為障礙；依於不二究竟真實的勝義觀照，把界與心的本覺兩者強分為二，即墜入分別邊見之中，如果不能將此二者圓滿融合，則不能究竟成佛。

所以，這一心：一切的有情衆生都是如此，而在輪迴與涅槃中也沒有任何差別。但由於深受執著的染汙，所以不斷的流轉與輪迴，不能止息。

因此，你所行的法與非法，都應完全捨離，依止《現觀無染覺性自證解脫》的究竟之道，畢竟了悟一切密要。

應當體證一切諸法，都在這無上的自證解脫中，得以完全的圓滿。

因此，不管修學任何法門，都將趨入大圓滿的無上成就。

三昧耶 嘎嘎嘎

六、心的現象

當本覺的淨光閃耀時，我們稱之為心。

假若我們認為這是真正的存有，但深入的探究之後，卻發覺其實並沒有真正的一法可得。

或者，我們只能說這是一切的本初，生起一切涅槃與輪迴分別的根源。

此外，由於見解的不同，使之呈現為不同的十一乘差別，而為各自的學派所推崇。

於是各種形式的無量名相，加諸於其上，有人稱之為心性或本心，外道則稱之為梵我，聲聞行人則稱之為無我，唯識家則稱之為識，有人稱為般若智慧，有人稱為如來藏，有人稱為大手印，有人稱為唯一明點，有人稱為法界，有人稱為阿賴耶一切種，有人則稱為本覺平常心。

七、本覺三要

現觀本覺，將體悟其中具有三種心要：

過去心，一切明淨現前毫無蹤跡；

未來心，未曾生起了然絕無造作；

現在心，當下心境無有造作分別。

現前覺性自身，即是平常心；當如是觀照自身，一切赤露無染；即此清淨自觀，明空現量呈現；現前絕無任何能觀者可得，唯有純然赤裸覺照自身。

覺性現空，無瑕圓淨，不依任何一法而生起；真實遠離一切顛倒，現成明空不二。

非恆常永續，也非一切法所造作；非斷滅虛無，常顯光明遍照；非一相獨存，卻能明晰示現眾相；非異相雜陳，在無可分別中顯成究竟一味。

如此自具的本淨本覺，並非依他而生起。

這是最究竟的教授，直顯萬相的真實境界。

八、三身無別

在本然覺性中，三身無有分別而圓滿具足。

現前空性而無生寂滅，即是法身；現成空性而自覺明空，即是報身；現示無礙而善顯萬相，即是化身；這是三身圓具於一心的本覺體性。

九、本心覺性

在這殊勝心要導引悟入之時，當下頓見自心覺性本來如是。

這本覺心性現前具足，本自清淨，一切現成，全無造作，在如此的體證下，如何能說，不能了悟自心的體性？

如此的覺性，本然就無可修持，這如何能說，修持是無所成就？

如此的本覺現量，即是現前的一念，這如何能說，無法尋找這一念心？

如此的覺性明淨，本然無所間斷，這如何能說，未曾見到心的本來面目？

此心的動念思惟，思惟即是自身，如何能說，未能找到動念的人？

此心絕然無為，沒有任何造作，如何能說，不能自在作意觀照？

如此體悟，讓自心安住於自心，隨順覺性無為自然，不必再頭上安頭，念上生念，如何能說，不能夠安止自心？

現前一心本淨如是，不增不減，一切現成，如何能說，不能於此有所增上修持？

覺、明、空性三者，本來就是現前無有分別而自現圓成，如何能說，在修證上無法圓滿？

本覺體性，法爾自生本自圓具，不待任何因緣而成就。念頭當下的生起與寂滅，都是現成同顯，如何能說，無法對治？

當下的本覺體性，本來如是，為何不能了悟自知？

十、心性之喻

心性本空，自身心性如長空無實無根，應當觀照自心，是否如此。

如是不依任何執見，堅實觀照心性為空，本覺自然智慧，無始以來即是光明本淨。

這宛如大日一般，從其核心處自然生起無量光明暖熱，應當如是觀照自心，是否真實若此。

本覺妙智，如心相續不滅，宛如江河流水無盡流注，應當如是觀察自心，是否真實如此？

自心意念無常幻變，分別無端，宛如空中風息，難以捉摸，絕非意念所能盡知，但當迴觀自心，觀照是否真實如此。

一切外境，都由自性自顯，宛如明鏡，映現一切外境，應當迴觀自心，是否真實如是。

萬象紛沓幻現，自現衆相而自解脫，宛如空中彩雲自生而自寂滅，如實迴觀自心，是否實相如此。

十一、修持心性

一切諸法無非由心所生，除修法所現之外，焉有能修之人與所修之法？

無有一法不由心所生，除所修妙行之外，那裏會另有修行的人？

無有一法不由心所顯現，除顯現三昧耶誓句之外，那裏會有守護誓句的人？

無有一法不由心所生起，除了所證的勝果之外，那裏會有了悟的人？

應如實的觀照自心，再三的審諦現觀。

十二、觀照心性

當你仰望虛空時，心無妄念也不受外境所汙染。

當你迴觀自心時，也沒有意念及妄念的起動。

當下的無染心性，明淨而光潔，現成的本覺淨光宛如澄空現前，即是清淨法身。

這恰似無雲晴空中的大日遍照，雖然淨光無相，依然能現前明了。

因此，不論能夠理解與否，這是最殊勝究竟的法義。

十三、自生自顯

法爾本具的清淨光明，無始以來即為無生寂滅，如是的覺性之子，卻無父母可得，這真是不可思議啊！

如此的自生本覺，不依任何外物所造作，這真是不可思議啊！

如此的法爾無生，而且又是如實無滅，這真是不可思議啊！

縱然輪轉於法界，卻汙染不得，這真是不可思議啊！

縱然圓滿成佛但是卻毫無增益，這真是不可思議啊！

縱然遍滿一切法界，卻無人能識，這真是不可思議啊！

如此的本覺，依然祈願得證果德，這真是不可思議啊！

縱然本覺即是自身，卻要到處尋覓，這真是不可思議啊！

十四、見、修、行、果

何其勝妙！

法爾當下的根本覺性，無實而明淨，如是，即為無上究竟的知見。

如此含容萬法，卻遠離於一切，如是，即為究竟無上的修持。

如此不修不整，言語道斷不可思議，如是，即為究竟無上的行法。

如此無為無證，從本以來即法爾自證圓滿，如是，即為究竟無上的果證。

十五、四種大乘

殊勝無謬的大乘有四種：

見地無謬的大乘，現前覺性如是清淨光明，如此認取清淨光明而無謬誤，所以稱之為乘。

修持無謬的大乘，現前覺性本具清淨光明，如此認取清淨光明而無謬誤，所以稱之為乘。

行法無謬的大乘，現前覺性自顯清淨光明，如此認取清淨光明而無謬誤，所以稱之為乘。

證果無謬的大乘，現前覺性現成清淨光明，
如此認取清淨光明而無謬誤，所以稱之為乘。

十六、四金剛橛

如實開示不二的見地，在三世中不易，宛如金剛大橛的深妙定法：

見地不變的金剛大橛，當下顯現心性的本覺淨光，
如此三世絕無變易，所以稱名為橛。

修持不變的金剛大橛，當下顯現心性的本覺淨光，
如此三世絕無變易，所以稱名為橛。
行法不變的金剛大橛，當下顯現心性的本覺淨光，
如此三世絕無變易，所以稱名為橛。
證果不變的金剛大橛，當下顯現心性的本覺淨光，
如此三世絕無變易，所以稱名為橛。

十七、無修無整

指示三世一如的密意要門，棄捨過去的一切及意念、知見，

立斷未來的籌畫與希望，現在的念頭，不執不取，心如虛空無著。

既然無法可修，因此現前無修，既然本無散亂，自然安住不亂的正念，於當下無修、無整、無散亂，無染的覺照一切；如此的覺性，本知、本明、淨光現成。

這當下的無生現成，即為菩提心。

現前無修，即超越一切所知境界；現前無亂，即是本具清淨光明；如實現空，即是本來解脫；明空不二，即是現成法身。

現前了悟，佛道本來無可修習，當下如實現觀，金剛薩埵現前。

十八、無見

現在依此指示遮遣、除斷六種邊見的殊勝教授。

不論不同的見地，如何的繁多與廣大，這本覺心性，即是自然的智慧。

以此而言，能觀的人與所觀的境界，畢竟是毫無分別的。

當尋找能觀者時，根本無法找到這能觀的人，此時，邊見即已遮遣並且除斷了，因此，邊見頓然銷融，清淨自心宛然現起，見與所見本來無實亦無分別。

如果能夠不落入斷滅頑空的邊際，在當下剎那，覺性頓然、明空現成，這就是大圓滿的殊勝見地。

而無論知與未知，實無分別。

十九、無修

無論不同的修持法門，是如何的繁多與廣大，即此本覺心性，能夠自然觀照修入。

能修的人與所修的法，本來無二無別，當觀察修持者時，不論是方始修習或尚未修習，在尋覓中現觀，實無修者的存在，在這當下，一切修持便頓然銷解。

一旦放下修持的意念，清淨自心宛然現起，能修與所修，既然無實自空，當下就不落於散亂、昏沈與掉舉中。

剎那現成絕無造作的無染覺性光明，而無為、無作平等三摩地就如是的現前了。

在這當下修與未修，入定與不入定，根本就毫無分別。

二十、無行

不同的行法，無論如何的繁多與廣大，自生的本覺心性，即是唯一明點。

解行之人與所行之相，本來無二無別，當觀察行者時，無論行或未行，在尋覓中，實無行者可得。

當下，一切行相頓然銷解。

因此，在一切行相的寂滅時，清淨自心宛然現起，無始以來，一切能行與所行，既然無實自空，即不落入於謬誤與雜染。

剎那現成絕無造作的無染覺性光明，一切行法不立不破，任運如是，而無造作修整與取捨可得，如此即為清淨無染的行法。而淨行與不淨行，本來就無有差別。

二十一、無果

不同的果證，無論如何繁多與廣大，心性即本覺自身，亦即為法爾本然，圓滿的法、報、化三身。

證境與悟者本然無二，當觀察所證之果與證果者時，遍尋一切果證者而實不可得。

當下現前證果之相頓然銷融，一切果證悟境究竟寂然，剎那現成無證無得的無染覺性光明。

證果與證果者，既然尋覓一切皆不可得，即不落於縛著、厭離或希求怖畏，現前當下本然覺性即成法爾無染的自性光明。了悟法、報、化三身，本初自具圓滿，此即現成本來成佛的果證。

二十二、中道實相

覺性遠離常斷等八種對立分別，如此的中道，即不墮於任何邊際。

本覺體性即為一心，是無間現成的覺悟自身。

空性現成圓具遍滿此心，即是本覺體性，即此名為如來藏。

若能明了悟達這奧義，而超勝一切，即此又名為般若波羅蜜多——智慧達於彼岸。

本初現前，超越一切世智所能思量，遠離一切知見思惟，如是即名為大手印。

依此，因為能勝解了悟與否所成的差別，便成為輪迴、涅槃等苦樂一切法的根源，如是即名為一切種、阿賴耶。

而當其安住於本位時，現成本來面目，一味平常而無差別，此明空本覺即名為平常心。

因此，不論予以多少名相，當勝解其根本實相時，即知這只是現前當下的覺性自身。

二十三、勿向外求

除此心性之外，何必向外馳求？

如同寶象在家廄之中，卻到外處去尋找自家寶象的蹤跡，根本是了不可得的。

這就宛如，縱然你想度量整個法界，也無法窮盡這究竟的奧秘一般。

因此，如果不能明白一切法皆由自心顯現，那麼絕對無法通達佛道。

若不了知本覺自性，如同將心向外求心一般。

這如同在身外尋求自身，如何能找到自身？

這宛如愚人走入人群之中，受到外境所惑，頓時忘失自身。當自己不識自己時，卻到處尋找自身，但卻不斷迷惑的誤將他人以為自己。

不知諸法實相本際，即不能了知一切萬相乃自心顯現，如此將一再墮入輪迴，流轉三界。

若不能自見自心實相即為佛陀，如此涅槃將成為遮障。所謂輪迴與涅槃，無非是無明與覺心，在當前剎那一念，兩者並無差別。

若於心外想尋求其存在，此即迷惑誤失，然而錯誤與無誤，根本無別，本是一味的體性。

有情心識相續宛若瀑流，不為一切分別對立的二法所成顯，無修無整的本覺心性，自然安住本然狀態，即是現成解脫。

假若不覺根本無明迷妄皆源於此心，則不能了悟自性的真實勝義。

二十四、心的顯示

應當現觀那自生、自起者，一切境相，本初從何處生起，中住於何處，最後又歸於何處？

如同烏鴉照井一般，當觀察井中的鴉影時，此鴉已從井上飛離，除井之外再也沒有烏鴉的影子。

心的顯現，也是如此，一切境相，從心中生起，也在心中寂滅。

心性能覺知一切諸法，亦能覺了一切象法本空而明淨，如同虛空一般，本初以來明空不二，一味而無分別。

自然智慧的現量光明，決證一切即是法性。

心的自性，透顯出一切衆生，法界示現了所有的外相，但究竟只在心中明了自覺，這即是心的本性。

如實現觀本覺與明淨，了悟這一切宛若虛空。

但以虛空比喻為心性，其實依然只是一種譬喻，不足以詮說實相。

心性本空，本覺自明，於一切處現前清淨。但是虛空並無任何覺性，只如頑空一般，了無實性。如是，心性的實相，並無法以天空來表達。也因此，能毫無散亂地，讓心任運安住於本然境界，即是圓滿。

二十五、境相差別

無垠的萬相，顯現了種種的差別，這說明了在世間世俗諦中，一切的無實幻化。而如此的顯現，並沒有任何勝義的實相可言，所以這一切現象畢竟終將還滅。

宇宙中所顯的萬相，都在輪迴與涅槃等一切法中現出，而這一切都只是表相而已，只有依止於唯一心性的觀照，才能徹見真實。

因此，當心性流轉現前時，外境也因此而隨緣遷變，所以一切諸法，都是心所顯現，而六道有情所見的一切，也都是依於自身的業力，而認取外境所現的幻境罷了。

二十六、心性眾相

外道依於常見與斷見，來觀察一切。

九乘教法，也各依於他們各自的見地來觀照法界。因此，有許多不同觀察外相的方法，更有許多不同的分別詮釋，但由於執著這種種的差別，因此便成為過失。

心中覺知的眾法顯現，若能了悟這些全由自心生起；如此，只要不生起執著，便是光明的佛道。

一切顯現本來並無錯謬，只因心生執著，才成為過失。若能了知執著者即是自心，如此，便能當下自證解脫。

一切諸法的顯現，只是自心境界的流露。即使所有的宇宙等外器世間全體呈現於前，無非是心的顯現。

即使一切六道眾生有情世間呈現在前，無非是心的顯現。

即使天人的福報安樂呈現在前，無非是心的顯現。

即使三惡道的苦迫煩惱呈現在前，無非是心的顯現。

即使貪、瞋、癡、慢、疑等五毒無明呈現在前，無非是心的顯現。

即使本覺體性自然智慧呈現在前，無非是心的顯現。

即使涅槃道上的善念呈現在前，無非是心的顯現。

即使各種魔難障礙呈現在前，無非是心的顯現。

即使各種天人神祇及其善境成就呈現在前，無非是心的顯現。

即使各種清淨境界呈現在前，無非是心的顯現。
即使一心不亂，無別專一的境界呈現在前，無非是心的顯現。
即使一切萬象，形色萬端呈現在前，無非是心的顯現。
即使無相離戲的境界呈現在前，無非是心的顯現。
即使證入一多不二的境界呈現在前，無非是心的顯現。
即使一切存有與非有呈現在前，無非是心的顯現。
因此了知一切象法，實無一法不來自心。

二十七、無染覺性

因有無礙的心性，所以一切境才會相續生起，這就如同海中的波與水一般，其實無二無別。

因此，一切衆法，都於心性中自然解脫，不論安立多少名相，來指稱自心，依究竟實相觀照，此心不曾離於一如。

而這一如的體性，也不依於任何根源，更不以任何法做為基礎。

應當如實了知此心如一，不能依於任何一方而有所得。

此心無實，不能於任何處所尋覓，也不為一切法所造。

但此心絕非頑空虛無，其清淨空明與覺性本光，能遍照一切無礙。

此心更非差別之心所能觀見，因為其為明空無別，是當下現成的本覺體性所清淨呈現。

即使有所覺照，卻沒有覺照的自體可得，當徹見沒有任何真實的自性可得時，此體證即為澈悟的實相。

若能如此的修證，則一切法都能自證解脫，亦能令此心當下識知一切法，而無需依止任何世間智慧。

這如同芝麻榨成麻油，未經榨取，哪來麻油？牛乳是乳酪的因，不經攪拌，何來乳酪？

因此，一切有情，即使本具真實佛性，不經修證，如何證入佛果？

若能修持，即使一個牧者也能悟道解脫。

即使不知經教，也能依照次第證悟，在現量中圓成。

如同有人親嚐過糖的滋味，哪裡需要旁人為他解說這甜味？

不了悟真實覺性，即使班智達等博學之士，也會錯謬。即使通曉密宗九乘教法的理趣，如果缺乏實修的證量，也會如同描述未曾去過的地方，一般終至以訛傳訛，就連剎那之際，也未曾接近佛道。

一旦體悟本覺自性，則一切善惡眾業當下現得清淨。

若不能了悟本覺，所行的一切善惡眾業，則將聚存為業力，引導成業報，在善道或惡道中輪迴流轉。

只有體證本覺空慧，則善惡眾業將如幻無實，業報也終將不可得，就如同虛空，無法流出泉水瀑流一般。

善惡眾業，在虛空中，無法滋生業果。只有自明的本覺心性，可以赤裸徹見法界萬物的本相。

《現觀無染覺性自證解脫》，是如此廣大究竟的奧秘。

當由了悟自心覺性，而現前體取。

奧秘封禁！

二十八、結語

何其奧妙啊！

《現觀無染覺性自證解脫》直指人心，為人開示本覺自性，這是為了利益末法時代的未來眾生所教授。

一切密續、教敕與心要口訣，皆融成本精要，在此完全開示。

即使，我已傳授這殊勝的法要，但仍須秘密封存，作為伏藏隱覆。

使未來世中善業成熟者，能獲取此法。

三昧耶！嘎嘎嘎！

這是究竟開示，眾生本覺自性的教敕，名為《現觀無染覺性自證解脫》，由鄔金上師蓮花生大士所造。

直至法界有情輪迴未空之際，解脫眾生的廣大事業，永不能忘失。

作者簡介

地球禪者洪啓嵩，為國際知名禪學大師。年幼深感生死無常，十歲起參學各派禪法，尋求生命昇華超越之道。二十歲開始教授禪定，海內外從學者無數。

其一生修持、講學、著述不綴，足跡遍佈全球。除應邀於台灣政府機關及大學、企業講學，並應邀至美國哈佛大學、麻省理工學院、俄亥俄大學，中國北京、人民、清華大學，上海師範大學、復旦大學等世界知名學府演講。並於印度菩提伽耶、美國佛教會、麻州佛教會、大同雲岡石窟等地，講學及主持禪七。

畢生致力以禪推展人類普遍之覺性運動，開啓覺性地球，2009與2010年分別獲舊金山市政府、不丹王國頒發榮譽狀，於2018年完成歷時十七年籌備的史上最大佛畫—世紀大佛（166公尺X72.5公尺），在藝術成就上，被譽為「二十一世紀的米開朗基羅」，在修證成就上，被譽為「當代空海」，為集禪學、藝術與著作為一身之大家。

歷年來在大小乘禪法、顯密教禪法、南傳北傳禪法、教下與宗門禪法、漢藏佛學禪法等均有深入與系統講授。著有《禪觀秘要》、《大悲如幻三昧》等〈高階禪觀系列〉及《現觀中脈實相成就》、《智慧成就拙火瑜伽》等〈密乘寶海系列〉，著述近二百部。

虹彩光音05《蓮師大圓滿》
作　　者　洪啓嵩
執行編輯　蕭婉甄、莊涵甄
美術設計　吳霈媜、張育甄
校　　對　胡鴻達
出　　版　全佛文化事業有限公司 www.buddhall.com
訂購專線：(02)2913-2199 傳真專線：(02)2913-3693
匯款帳號：3199717004240 合作金庫銀行大坪林分行
戶　　名：全佛文化事業有限公司
E-mail:buddhall@ms7.hinet.net
門　　市　覺性會館・心茶堂
新北市新店區民權路95號4樓之1 (02)2219-8189
行銷代理　紅螞蟻圖書有限公司
台北市內湖區舊宗路二段121巷19號 (02)2795-3656

初版一刷　二〇一八年二月
精裝定價　新台幣二六〇元
ISBN 978-986-6936-99-9（精裝）

ISBN 978-986-6936-99-9
NT$260

國家圖書館出版品預行編目 (CIP) 資料

蓮師大圓滿 / 洪啟嵩作 . -- 初版 .
-- 新北市 : 全佛文化 , 2018.02
面 ; 公分 . -- (虹彩光音 ; 5)
ISBN 978-986-6936-99-9(精裝)
1. 藏傳佛教 2. 佛教修持
226.96615 107000960